CONVITE A SABEDORIA

CONVITE A SABEDORIA

ALDIVAN TORRES

Canary Of Joy

Contents

1 "Convite a Sabedoria"   1

I

"Convite a Sabedoria"

Aldivan Teixeira Torres

CONVITE A SABEDORIA

Por: Aldivan Teixeira Torres
@2018-Aldivan Teixeira Torres
Todos os direitos reservados

Este livro, incluindo todas as suas partes, é protegido por Copyright e não pode ser reproduzido sem a permissão do autor, revendido ou transferido.

Aldivan Teixeira Torres, natural de Arcoverde-PE, é um escritor consolidado em vários gêneros. Até o momento tem títulos publicados em nove línguas. Desde cedo, sempre foi um amante da arte da escrita tendo consolidado uma carreira profissional a partir do segundo semestre de 2013. Espera com seus escritos contribuir para a cultura Pernambucana e Brasileira, despertando o prazer de ler naqueles que ainda não tenham o hábito. Sua missão é conquistar o coração de cada um dos seus leitores. Além da literatura, seus gostos principais são a música, as viagens, os amigos, a família e o próprio prazer de viver. "Pela literatura, igualdade, fraternidade, justiça, dignidade e honra do ser humano sempre" é o seu lema.

SUMÁRIO

1-Introdução

Convite a sabedoria é uma coletânea de pensamentos inspirado no mar de sabedoria do criador que se derrama sobre os mortais. Roguemos para absorvermos esses pensamentos e os apliquemos em nosso dia-dia.

2-O caminho

1. O caminho mais curto não é aquele que é mais fácil e sim aquele que provoca sacrifícios e renúncias de sua parte pois é ele quem constrói uma personalidade guerreira e vencedora.
2. Os outros não podem lhe mostrar o caminho seja ele certo ou errado. Você tem que o descobrir por si mesmo.
3. O caminho se torna claro e compreensível para você a partir do momento que você resolve construir uma vida dedicada a seus objetivos.
4. Siga seu coração e seus sonhos para construir um caminho digno, limpo e agradável a Deus.
5. O caminho de quem quer ser vencedor deve estar pautado na idoneidade, pureza dos objetivos e lealdade como próximos.
6. Não dê ouvidos às más línguas e aos lábios enganadores pois eles pretendem perverter o teu caminho.
7. Caminho é sinônimo de construção de vida. Faça o seu com cabeça erguida.

3-A palavra

1. O que sai do homem é revelação pura do seu interior e por isso deve ser instrumento de coisas boas e dignas de qualquer ser humano.
2. A palavra exorta, edifica, eleva. Ela nos traz a verdadeira compreensão do outro e suas aspirações.
3. A palavra e a ação constituem os fundamentos de qualquer obra.
4. Quando não dispuser de palavras apropriadas a ocasião, improvise com algo que reanime e fortaleça o seu próximo.
5. Busque palavras no infinito da sabedoria pois elas têm força para transformar caminhos e vidas.
6. Organize palavras como quem organiza a sua casa para contemplar a si mesmo.
7. A palavra bem dado vale mais do que qualquer coisa pois não se devem suportar desaforos e incompreensões por parte do outro.

4-Decisão

1. É importante ser decidido nos momentos mais propícios da vida.
2. Procure meditar e refletir antes de qualquer decisão para não se arrepender depois.
3. Toda decisão traz em si o significado da escolha a qual estamos submetidos continuamente nesse plano.
4. Seja livre em suas escolhas e decisões. O verdadeiro caminho só é alcançado quando estamos dispostos a correr riscos.
5. Não jogue pedras na reputação do outro pois todos nós estamos sujeitos a erros. Repense sua decisão.
6. Certas decisões têm que ser tomadas em conjunto pois interessam a toda a uma comunidade.
7. Sair de casa não é uma decisão fácil para ninguém. Converse com seus familiares a respeito antes de qualquer coisa.
8. As crianças devem ser livres para opinar, mas não para tomar decisões importantes.

9. O casamento é uma decisão séria. Deve ser fruto da boa vivência e do amor entre o casal.

5-Elaboração

1. Planejar é a principal etapa de um trabalho. É nela que idealizamos nossos sonhos.
2. Para elaborar uma boa festa não é necessário muito dinheiro. Antes de tudo, é preciso organização.
3. Um livro é uma coletânea de pensamentos do homem. Para escrevê-lo é suficiente o planejamento, a elaboração e a inspiração.
4. O insensato esquece-se de elaborar suas pretensões. O que agrada a Deus é coroado de glórias por suas elaborações.
5. Para atravessar um labirinto não é necessário um guia e sim uma boa elaboração de como chegar à saída.
6. O reino dos céus foi elaborado para aqueles que seguem o caminho estreito de sabedoria, honra e dignidade.
7. A vida em plenitude é obra de nossas elaborações.
8. Elabore seus estudos visando um futuro melhor para você e para seu próximo.

6-O sacrifício

1. Sacrificar-se é, antes de tudo, doar a parte luminosa do nosso ser em prol de um objetivo maior.
2. O sacrifício representa em algumas religiões a atitude necessária para alcançar o perdão.
3. O sacrifício de Cristo foi uma prova de amor. Na cruz aconteceu a redenção do homem.
4. Os mártires se sacrificaram por considerar que a vida deles não era mais importante que suas crenças.
5. Se sua vida é cheia de sacrifícios, lembre-se: Cristo sofreu mais por carregar todos os pecados do mundo.
6. Amor e sacrifício se confundem quando se ama verdadeiramente.

7. Pequenos sacrifícios nos levam a purificar nossas imperfeições.
8. Resgatar o espírito significa sacrificar-se.
9. Através de sacrifícios Deus salvou a humanidade.
10. Não faça sacrifícios que prejudiquem sua integridade. Antes disso lembre-se que o valor do sacrifício está na intenção.

7-Riqueza e pobreza

1. A riqueza e o poder não são capazes de salvar o homem na hora do julgamento.
2. Prefira o imortal como as obras, as boas ações e a sabedoria do que o efêmero como a riqueza.
3. A riqueza é cobiçada por muitos, mas seu valor se reduz a esse plano.
4. O rico possui muitos amigos falsos que o rodeiam procurando vantagens.
5. A verdadeira pobreza consiste em ser vazio de qualidades e ser rico como o deserto.
6. O pobre e o rico não podem se juntar pois o primeira inveja o segundo e o segundo evita o primeiro.
7. A fortuna de um homem está em possuir a sabedoria pois sem ela nada se constrói, nada progride.
8. A fim de progredir na vida em todos os sentidos é necessário perseverança, fé e crença em Deus.
9. Riqueza e pobreza são apenas estados do homem. O que o qualifica é o seu caráter, honra e dignidade.

8-O lucro

1. Que o comerciante não explore seus clientes pois mais importante do que o lucro é a fidelidade.
2. O lucro é condenável quando impede que o pobre tenha pão à mesa.

3. Não pense em conseguir lucro em todas as situações da vida. Doar-se também é importante numa relação.
4. Não compre quinquilharias de viajantes comerciais porque certamente o lucro deles é altíssimo.
5. Não faça empréstimos bancários pois a usura praticada o impossibilitará de pagá-lo.
6. Desconfie do vendedor que oferece muitas vantagens. Você poderá ser enganado.
7. Lucre sabedoria, conselho, fortaleza, ciência e dignidade. Perca orgulho, preguiça, avareza, luxúria e outros males.
8. O vício do jogo leva muitos à falência. Não jogue. Preserve o seu lucro.
9. Quando for assaltado, não reaja. A vida é mais importante.
10. O bom consumidor é aquele que pesquisa e verifica o lucro dos comerciantes. Encontrará a melhor opção de compra.

9-A solidão

1. A solidão é o palco onde só existe um ator encenando uma peça solitária. Não haverá ninguém para aplaudi-lo.
2. A solidão ajuda a construir um sujeito introspectivo e consciente do que é e do que pode fazer.
3. Não cultive demais a solidão pois ela poderá levá-lo à loucura.
4. Quando estamos só descobrimos que o universo é infinito e que algum dele existe um ser que nos ama e nos acompanha continuamente.
5. Estando longe da família pense que sem eles nem sequer temos identidade. A família é a base de tudo e é o mais importante para um ser humano.
6. Às vezes, para restabelecer um bom convívio entre um casal é necessário um pouco de afastamento e solidão.
7. A solidão constrói o medo e ele nos mostra o que temos de melhorar e progredir.

8. Em vez da solidão prefira a companhia daqueles que amam você pois eles sempre têm uma palavra de conforto e de carinho.

10-Beleza

1. Nunca elogie alguém por sua beleza. Antes o conheça para elogiar suas qualidades.
2. O que é belo por fora pode ser podre por dentro.
3. A beleza não pode ser usada para fins que não sejam dignos.
4. Não devemos usar de cirurgias para mudar o que somos por fora. O mais importante é fazer uma autoanálise e mudarmos o nosso coração muitas vezes mesquinho e egoísta.
5. Não se deve expor a nudez do corpo por vaidade ou dinheiro. Lembre-se: A beleza exterior passa. Destaque-se com seus talentos e qualidades.
6. O ser que se sente superior por sua beleza é a mais pobre das criaturas.
7. A beleza desperta paixão, mas o verdadeiro amor se constrói dia-dia nos momentos bons e ruins.

11-Qualidade

1. O que diferencia o ser humano é o seu talento, bondade, sabedoria, honradez e dignidade. Qualidades essenciais para quem quer agradar a Deus.
2. Mais vale um coração puro e nobre do que dinheiro ou posição social.
3. A qualidade essencial para ser escritor é abrir-se para o grande mar de sabedoria do criador e ser o instrumento de sua vontade.
4. Procure corrigir seus defeitos e resplandeça suas qualidades diante de todos.
5. Para se qualificar como amigo uma pessoa deve demonstrar seus sinceros propósitos a outra pessoa.
6. O reino de Deus é para aqueles que tem a qualidade necessária de

reconhecer o filho de Deus e se assemelhar a ele em todos os sentidos.
7. O pai espera que pelo menos nos esforcemos para ser pessoas dignas e honestas, vivendo o evangelho com qualidade.
8. A maior qualidade dum ser humano é ser humilde a ponto de reconhecer seus próprios defeitos.

12-A *bondade*

1. A bondade é uma qualidade essencial para qualquer ser humano. É uma questão de natureza.
2. Os bons e justos possuirão a terra no mundo futuro.
3. Não se deve confundir bondade com estupidez. Não permita que os outros se aproveitem de sua benevolência.
4. Continue praticando boas obras. No momento certo, receberás em dobro por vossa bondade.
5. Sejais bons para os vossos inimigos pois é assim o pai que vos criou.
6. Aquele que é bom não consegue guardar rancor. Perdoe todas as ofensas que recebeste. Lembre-se: Aquele que perdoar também é perdoado.
7. A bondade sem obras é como a flor sem fruto. Exercite sempre seu amor ao próximo.
8. O bom também tem defeitos. O importante é tentar saná-los.
9. O caminho da bondade nem sempre é um caminho fácil pois estamos num mundo cheio de ódio, falsidade e imperfeições.
10. O fato de você ser bom não o torna imune a críticas. Tente progredir com elas.

13-A *generosidade*

1. Ser generoso é repartir um pouco do que se tem para dividir com quem tem necessidade.

2. A generosidade é para os espíritos evoluídos que encontraram uma forma de se aproximar do pai.
3. \Patrão, sejais generoso com vossos empregados. Servos retribuam a generosidade do patrão com lealdade, presteza e fidelidade.
4. O alimento é fruto da generosidade do trabalhador braçal. Sem ele, nada se produz.
5. Participe de entidades de assistência ao próximo. Você se sentirá feliz e recompensado por seu trabalho.
6. Os pais devem ser generosos com os filhos para dar-lhes bom exemplo.
7. A generosidade é condição essencial no aprendizado.
8. O generoso é capaz de reconhecer quem precisa de socorro.
9. A esmola é uma demonstração de generosidade. Não dê esmolas se você o faz apenas por convenção social.
10. Os ex-presidiários dependem da generosidade de quem acredita em sua conversão e boas intenções.

14 - O sonho

1. O sonho traduz realidades invisíveis que povoam o universo. Procure interpretar essa mensagem.
2. Os sonhos alimentam a esperança do homem. Ninguém vive sem sonhos.
3. Para realizar um sonho é necessário planejamento, disposição e dinheiro.
4. Os sonhos impossíveis se tornam possíveis quando queremos.
5. Os verdadeiros sonhos que devemos cultuar são aqueles que transcendem do ponto de vista material.
6. Faça de seus sonhos inspiração para todos os momentos de sua vida.
7. O sonho do pobre é ter apenas o suficiente para sobreviver. Os outros sonhos não lhe são possíveis.

8. O sonho é uma janela aberta para os Deuses se comunicarem com os mortais.
9. Sonhe, mas mantenha os pés fixos no chão.
10. A felicidade de realizar um sonho é algo incomparável.
11. Divida seus sonhos com quem confia. Ele(a) poderá ajudá-lo a realizar.

15-*A integridade*

1. A integridade é algo raro e que deve ser valorizado nos dias de hoje.
2. O homem íntegro é aquele que age conforme preceitos sãos e dignos. O homem íntegro vale mais do que ouro em pó.
3. As ações do homem revelam se ele é íntegro ou não.
4. Integridade não tem nada a ver com condição social. Ela vem de berço.
5. A integridade de um dirigente lhe dá credibilidade em todos as suas ações.
6. O maior modelo de integridade foi Jesus Cristo, o rei dos reis. Ele não errou em sua vida.
7. A integridade de um escritor se revela nas mensagens que ele transmite.
8. O professor íntegro é aquele que não fica omisso perante os alunos.
9. A família tem um papel primordial na formação da integridade de um indivíduo.
10. O íntegro se recusa a mentir para favorecer terceiros.

16-*A sensatez*

1. O home sensato procura compreender o universo através da sabedoria. O insensato desconhece a sabedoria porque não se preocupa com ela.

2. A sensatez do empregado se revela em seu comportamento: Cumpridor de suas obrigações, respeitoso e pontual.
3. Mais vale um pobre sensato do que um rico insensato.
4. Não se junte com o insensato pois terminará se aborrecendo com ele.
5. O sensato tem a nítida impressão de onde está e aonde quer chegar.
6. O sensato quando se pronuncia produz admiração com seus ensinamentos. O insensato só diz tolices.
7. O sensato é árvore que dá frutos, os mais variados e saborosos, e possui o mapa para orientar-se no caminho da vida.
8. Onde vive o sensato? Em lugares seguros onde a tempestade e o vento não o possam derribar.
9. O agricultor sensato planta e colhe no tempo adequado para obter mais resultados.
10. O sensato sempre cultua a justiça na relação com os seus semelhantes.

17-A *reflexão*

1. Aqueles que refletem conseguem encontrar a saída para todos os seus problemas.
2. Reflita suas atitudes para encontrar erros e acertos.
3. A reflexão é uma etapa do planejamento que não deve ser descartada.
4. O técnico de futebol reflete em busca da melhor estratégia de jogo.
5. O pobre reflete suas dívidas. O rico reflete em como gastar sua fortuna.
6. O caminho o qual vai se seguir deve ser objeto de intensa reflexão.
7. Reflita as dores e sofrimentos de Jesus Cristo. Isso o agrada muito.
8. As decisões mais acertadas são aquelas em que há reflexão.

9. Veja como as obras do criador são belas. Ele refletiu bastante antes de criá-las.
10. O espelho reflete com exatidão o que és. Observe e avalie o seu estado de ânimo e autoconfiança.
11. Reflita em direção a todas suas qualidades. Corrija seus defeitos.
12. Permita que os raios de sol reflitam em você sua força, seu poder. Você se sentirá revigorado.

18-A justiça

1. Dois pesos e duas medidas é algo que Deus não aprova pois todos são iguais perante ele.
2. Comerciante: Use balanças justas para ser fiel a seus clientes.
3. A sentença do juiz deve ser embaçada em provas e testemunhos que fundamentem sua decisão.
4. A justiça não deve se perverter perante a força econômica de uma pessoa.
5. Advogados: Não defendam o criminoso ou o cafajeste.
6. A justiça social só se faz com bons planos que visem atender a população de baixa renda.
7. Que a justiça seja sempre o seu brasão para que tenha sucesso em sua vida.
8. Quem é injusto nas pequenas coisas também o é nas grandes.
9. A burocracia faz da justiça um desafio no Brasil. Ela precisa ser mais eficaz e rápida.
10. A justiça não alcança os meninos de rua, os boias-frias, os filhos do sertão. Eles vivem numa situação subumana de vida.
11. O salário mínimo no Brasil é injusto pois não satisfaz as necessidades básicas de uma família.

19-A discrição

1. A discrição num relacionamento é fundamental pois caso contrário a confiança no outro é abalada.

2. Amigo discreto não se encontra em qualquer lugar. Ele deve ser valorizado.
3. O discreto é aquele que sabe o que pode e o que é.
4. Seja discreto ao não revelar seus planos para ninguém. Lembre-se: A inveja é a pior magia de todos.
5. Ao entrar numa casa, sejais discretos. Não comente com outros sobre o que viu lá.
6. A indiscrição numa família é causa de muitos males. É também sinal de que algo não está certo.
7. Pais, ensinai a vossos filhos a discrição. É uma lição que eles levam para toda a vida.
8. Não condene os outros por atitudes que você considera imorais. Não nascemos para julgar ou condenar. Seja discreto.
9. O discreto sabe o momento e o local onde deve pronunciar-se. O indiscreto burla todas as regras.
10. Ao participar de uma festa procure não chamar muita atenção. Pratique a discrição.

20-*A memória*

1. A memória de um homem tem que ser respeitada para que descanse em paz no seu túmulo.
2. As obras de um homem representam o seu legado, sua memória. Depois da morte, dinheiro e posição social não têm valor.
3. A memória bem treinada é capaz de memorizar extensos textos. Pratique muitos exercícios.
4. Para auxiliar a memória utilize caneta, papel, agenda, celular. Estes dispositivos ajudam nos momentos mais difíceis.
5. Se a memória falhar na hora da prova, tente se concentrar. Nunca recorra a métodos ilegais para se beneficiar.
6. A boa alimentação é essencial para se ter uma boa memória.
7. As memórias ruins devem ser esquecidas para que não se prejudique o aperfeiçoamento moral e espiritual do ser humano.
8. As boas memórias fazem parte da nossa riqueza pessoal. Elas

contribuem para a formação dum ser humano mais reflexivo e otimista com relação ao futuro.

21-O conselho

1. O conselho do sábio é fonte de água pura e límpida que mata a sede de conhecimento, sabedoria e ânsia para descobrir o cosmo.
2. Não siga conselhos de quem você não conhece e de quem não tem juízo.
3. Os conselhos dos pais devem ser seguidos pelo jovem pois eles têm mais experiência de vida.
4. Quando não souber aconselhar mantenha-se calado e não perturbe quem está sofrendo.
5. Escute os conselhos de seu amigo pois ele pode ter uma visão diferente de encarar o seu problema.
6. Todos nós temos um conselheiro invisível. É só desprender-se de tudo e escutar a voz silenciosa de seu interior.
7. |O Rei tem que escolher bem seus conselheiros pois é a eles que recorre no momento de aperto.
8. Nunca tenha conselheiros de fortuna pois é a você mesmo que cabe a administração do seu dinheiro.
9. Aconselhe-se com a mãe terra, o mar e o vento. Aprenda com eles que o mais importante é seguir seu ciclo de vida não ultrapassando os limites que o seu criador lhe colocou.

22-A disciplina

1. A disciplina nos estudos é fundamental para conseguir objetivos.
2. Os jogadores disciplinados são aqueles que conseguem o melhor desempenho numa partida.
3. Se não iniciou os estudos para um concurso, não se desespere. Comece agora com disciplina.
4. Os empregados disciplinados são aqueles que cumprem todas as suas obrigações.

5. Antes de ingressar no exército, lembre-se: O trabalho é duro e disciplinado.
6. A força de vontade é essencial para se ter disciplina.
7. Para manter o sucesso é necessário antes de tudo, disciplina.
8. Aprendais com o trabalhador braçal: Ele levanta-se cedo todos os dias para buscar seus objetivos. Ele é um exemplo de disciplina.
9. Em alguns casos, a disciplina torna-se insuportável como por exemplo os atletas que treinam horas a fio.
10. O melhor pedreiro revela-se em sua regularidade. Mais um exemplo de disciplina.

23-A liderança

1. O líder é aquele que conduz a todos para o progresso e para um futuro pleno de realizações.
2. O político que se comporta como líder deve exibir autoridade e plena consciência do seu papel como servidor público que é buscar o melhor para seu município, estado ou país.
3. Para exercer liderança você deve se impor perante os demais.
4. O professor que não se comportar como um líder não consegue dominar as turmas em que vai lecionar.
5. O sucesso de um time depende em parte da liderança que o técnico impõe perante os jogadores.
6. O voto é algo sagrado e deve ser refletido continuamente para que se dê a uma pessoa de liderança e de caráter.
7. Liderança é questão de vocação. Se não tiver, conforme-se em ser liderado.
8. Todos nós devemos respeitar uma hierarquia. Se você for empregado, respeite a liderança da empresa pois caso contrário perderá o seu trabalho.

24-A ingenuidade

1. Deus se comunica com as almas ingênuas porque elas são capazes de enxergá-lo.
2. Não permita que os outros se aproveitem de sua ingenuidade. Afaste-se das almas impuras.
3. É mais fácil para os ingênuos acreditar em milagres e forças invisíveis.
4. Apenas as almas ingênuas conseguem entrar no reino de Deus pois Jesus disse a um homem: Terás que nascer de novo para entrar no meu reino.
5. Para manter uma criança ingênua afaste-a das más influências.
6. Este mundo é cheio de misérias e de pecado. Manter-se ingênuo é um verdadeiro esforço.
7. O valor da ingenuidade está na forma que o ingênuo vê o mundo.
8. Não seja ingênuo nos negócios. Não permita que ludibriem você.
9. O ingênuo no jogo é aquele que não sabe trapacear.
10. A mulher permanece ingênua até no momento da sua primeira vez.

25-O trabalho

1. O trabalho é sagrado para o homem e é um dos fatores que o faz progredir em todos os sentidos.
2. Seja responsável no trabalho e não dê motivos para o seu patrão mandá-lo embora.
3. O trabalhador tem direito a um salário justo e digno que seja suficiente para suprir as necessidades de sua família.
4. Todo trabalho é digno e cada qual ocupa a posição que merece.
5. Esforce-se nos seus estudos para ascender profissionalmente e intelectualmente.
6. Quando for concorrer a uma vaga de emprego deixe a melhor impressão possível.

7. Não minta sobre sua qualificação ou experiência para arrumar trabalho.
8. Não aceite trabalhos que prejudiquem a sua dignidade.
9. Só faça serviços que estejam especificados no seu contrato de trabalho. Não tape o buraco de ninguém.
10. Negue-se a fazer trabalhos os quais você não tenha a qualificação necessária para realizá-los.

26-A paciência

1. A paciência conduz a caminhos cuja luz é visível e cuja trilha é suficiente para andar, respirar e ansiar.
2. A paciência é uma das qualidades importantes no ser humano. Quem a tem consegue seus objetivos com perseverança.
3. Que os noivos se respeitem durante o namoro e tenham paciência para entrar em comunhão.
4. O motorista impaciente pode provocar sérios transtornos e acidentes.
5. Sejais como um jogador de xadrez e elabore uma estratégia com paciência para aplicar o xeque-mate na vida.
6. A paciência de Jó o fez recuperar os bens e alcançar a felicidade.
7. A paciência do artesão o faz conseguir produzir belas peças.
8. Quem se apressa não consegue executar um trabalho com perfeição.
9. Tem tempo para tudo: Tempo para plantar, tempo para colher; Tempo para amar a tempo para odiar; Tempo para crer e tempo para descrer. Tenha paciência e espere o tempo necessário para alcançar o sucesso.
10. O paciente tem o raro dom de vislumbrar o futuro e apontar para ele com a certeza do dever cumprido.

27-A confiança

1. A confiança é o suporte que temos para nos proteger das incertezas da vida.
2. Um relacionamento só é sólido quando é construído com amor e confiança mútuas.
3. Não confie em qualquer um. Investigue se a pessoa é digna de confiança.
4. A quebra de confiança e a indiscrição destroem qualquer amizade.
5. Não confie em ninguém nos negócios. Exija por escrito o que foi negociado.
6. Mande recados) (cartas, bilhetes) apenas por quem confia pois do contrário poderá ser lido.
7. Os pais confiam nos filhos. Portanto, não os decepcione.
8. Não persiga seu companheiro(a) por qualquer motivo. Confie na idoneidade dele(a).
9. Estude com afinco e com disciplina para conseguir melhores resultados. Não perca a confiança de seus familiares.
10. Aquele que não desperta confiança não consegue companheiros leais e sinceros.
11. Contratar detetives para espionar o seu companheiro(a) não resolverá seus problemas de relacionamento.

28-O medo

1. O medo se constrói dentro de nós mesmos quando desconhecemos o objeto que o causa.
2. A separação dos pais provoca nos filhos o medo da rejeição e da solidão.
3. Firme seus pés no chão para não ter medo da altura.
4. O medo de animais peçonhentos é comum nas pessoas. Evite viajar ao sítio com frequência.

5. Alguns tipos de medo podem ser acompanhados por um psicólogo para tratamento e posterior cura do trauma.
6. O medo da morte é presente em quase todas as criaturas. Procure viver sua vida sem pensar nela.
7. O medo da derrota impede que o jogador ou atleta consiga desenvolver totalmente o seu potencial.
8. O temor de Deus se revela quando nos esforçamos para ser pessoas justas e dignas.
9. Não tenha medo do que possam pensar de você. Faça o que achar certo.
10. Não tenha medo de romper com alguém. Nós não somos responsáveis pela conduta do outro.
11. O medo revela nossas deficiências. Procure saná-las para viver tranquilo.

29-*A prudência*

1. A prudência do justo o faz percorrer caminhos palpáveis e conhecidos.
2. O prudente é sempre o vitorioso numa batalha.
3. A prudência no falar evita confusões e transtornos.
4. Amigo prudente é aquele que não vai direto ao ponto numa conversa.
5. O prudente é o único a escapar numa contenda.
6. A prudência provém da sabedoria e a sabedoria provém do mar de dons do criador.
7. Não jogue seu dinheiro no jogo. É melhor ter pouco, mas que seja garantido. Seja prudente.
8. A prudência nos negócios reflete-se no planejamento e na análise da sua viabilidade.
9. Não case sem ter certeza de que é isso o que você quer. Seja prudente.
10. A vida sem prudência é uma roda-gigante a qual não se pode controlar.

11. O prudente sabe o momento certo para agir e para realizar-se. A felicidade é alcançável para ele.

30-A correção

1. A correção é uma boa medida para verificar possíveis erros.
2. Corrija seus filhos enquanto eles são pequenos pois depois eles não lhes darão ouvidos.
3. Quando pecar por erro ou omissão, reze para se corrigir.
4. O professor deve ser tolerável a erros dos alunos. Ele deve praticar a correção.
5. O erro do orgulhoso é sentir-se superior aos demais. Ele deve corrigir-se.
6. Na vida, existem os inocentes e os impuros. Os inocentes são bons e esperam da vida as melhores expectativas possíveis. Os impuros destroem o sonho dos inocentes e os faz voltar à realidade. Portanto, os impuros devem corrigir-se.
7. O sacerdote que não vive conforme os preceitos de sua Igreja está em pecado. Ele deve se redimir e corrigir-se.
8. O técnico de futebol geralmente sabe o momento certo de mudar o time e corrigi-lo.
9. Aceite a correção do seu amigo. Muitas vezes, ele está querendo apenas ajudar.

31-A pureza

1. A pureza habita a essência das almas santas. É flor aberta e singela que espalha o seu perfume pelo ar em reverência ao criador.
2. A pureza de uma criança a faz contemplar toda a obra do seu criador com olhos prestativos e inocentes.
3. A pureza da virgem Maria a elevou aos céus onde ela se esforça continuamente para ajudar os pobres mortais.
4. A pureza de dois corações consegue construir uma história sólida de amor e de dignidade.

5. Manter-se puro requer um verdadeiro esforço pois este mundo está repleto de dores e de sofrimentos.
6. O monge purifica-se ao isolar-se num mosteiro.
7. O puro representa para Deus uma janela aberta para comunicação com o mundo. Seja uma dessas janelas.
8. Não se autodenomine o puro. Apenas Deus que conhece os corações poderá julgá-lo.
9. Ser puro não quer dizer que se esteja livre do encontro das forças opostas que dominam o universo. Elas habitam o ser humano e o definem.

32- O ódio

1. O ódio é veneno que aos poucos destrói a alma.
2. Não sinta ódio por qualquer um dos seus irmãos. Isto irá prejudicá-lo. Antes abra seu coração e viva o amor que é muito mais saudável.
3. Seja qual for o motivo, não odeie ninguém. Os erros que os outros cometem contra nós devem ser perdoados de coração.
4. Se alguém o odeia sem motivo, entregue a Deus e reze por todos aqueles que te perseguem.
5. O ódio contra o criador é imperdoável pois cada um de nós é responsável por sua própria felicidade.
6. Não tente prejudicar seus inimigos. Isto não o levará a lugar algum. Esqueça o ódio e tente demonstrar suas qualidades a fim de conquistar mais amigos.
7. O ódio localiza-se à esquerda do caminho do amor. Não se desvie do seu trajeto original.
8. Amor e ódio se confundem em alguns relacionamentos perturbados.
9. O perdão é capaz de apagar o fogo do ódio que consome as almas.

33-A soberba

1. A soberba faz a alma crer que é especial e superior às outras. Isto coloca a alma num plano inferior de desenvolvimento pois todos são iguais perante o criador não importando raça, etnia, religião, crença e outras peculiaridades. O que distingue o ser humano é o seu talento, inteligência, bondade, sabedoria e dignidade. É isso o que a torna especial.
2. A soberba coloca uma venda nos olhos da alma e a impede de sentir o verdadeiro calor do sol e a chuva que se dá igualmente a todos os homens sejam eles bons ou maus. Nisso reside a justiça do criador.
3. Lembre-se: Quem se exalta será humilhado e quem se humilha será exaltado. O reino de Deus é para os humildes de coração.
4. Certa vez, os apóstolos discutiram sobre qual deles seria o maior. Vendo isso, Jesus falou: Aquele que quiser governar deve ser o servidor de todos. E lavou os pés dos apóstolos para mostrar o valor da humildade.

34-A astúcia

1. A astúcia de um homem o faz enxergar caminhos mais curtos para conseguir seus objetivos.
2. A astúcia e a sabedoria de um pobre o fazem sentar entre os grandes e desperta admiração.
3. O rico insensato confia em suas riquezas como se fossem eternas. Mais vale a astúcia pois com ela tudo fica mais claro.
4. O escritor astuto consegue transmitir suas histórias de modo que o leitor se interesse.
5. Para escrever livros de sabedoria é necessário astúcia para organizar os provérbios.
6. Quando portar objetos de valor em público tenha cuidado pois os astutos esperam o menor deslize seu para agir.

7. O astuto no jogo consegue amealhar riquezas à custa dos adversários.
8. Tente decifrar o significado das parábolas. Seja astuto.

35-A falsidade

1. A falsidade se configura como um dos piores defeitos do ser humano.
2. O falso engana a si mesmo pois não consegue ser uma pessoa plenamente convicta.
3. As mentiras do falso terminam por criar armadilhas para ele mesmo.
4. Não conte suas intimidades para quem não inspira confiança. O mundo está cheio de falsidade e perversidade.
5. Desconfie de quem o trata com muita amabilidade pois os falsos se escondem através de máscaras.
6. Não compre objetos falsificados. Eles estragam com facilidade e não têm garantia.
7. Procure objetos de boa qualidade e de preço acessível e desconfie das promoções muito atrativas pois geralmente elas escondem algum tipo de falsidade.
8. Ser verdadeiro se traduz em ser honesto com as pessoas. Os falsos não criam raízes.

36-A mentira

1. A mentira se configura como uma falta grave e quem faz isso pode ser considerado um ser humano incapaz de enfrentar a realidade.
2. Não minta sobre sua classe social ou suas qualidades. Permita que o outro o conheça plenamente.
3. Não perverta a verdade para se beneficiar. A mentira não permanece por muito tempo.

4. Não baseie seu relacionamento em mentiras pois ele acabará desmoronando.
5. A mentira no jogo é uma forma de levar vantagens sobre o adversário.
6. Quando for assaltado, não minta. Preserve sua vida e sua integridade física.
7. O professor não deve cultuar a mentira no processo ensino-aprendizagem.
8. Quando for ao cinema ou ao teatro faça de conta que o que está sendo encenado é realidade a fim de se divertir pois a consciência da mentira estraga tudo.
9. O verdadeiro ator é aquele que transforma a realidade com a sua arte.
10. Não minta nem omita para os pais. Eles devem saber todas as suas ações e problemas para poder ajudar.

37-A preguiça

1. A preguiça é um dos piores defeitos do ser humano e acaba o levando ao fundo do poço.
2. Aqueles que plantam na época adequada e onde há chuva e sol abundantes conseguem uma boa safra. Já o preguiçoso espera na mesa para se satisfazer com o trabalho dos outros.
3. O preguiçoso inventa mil desculpas para fugir ao serviço.
4. O trabalho para o preguiçoso é tortura ou humilhação. Ele não sabe reconhecer o valor moral de um trabalho e o progresso que se consegue com ele.
5. O preguiçoso nos estudos não conseguirá êxito por conta própria.
6. Não tenha preguiça para ajudar o próximo. Saiba que cada um de nós tem o dever junto ao universo de colaborar para um mundo mais humano e digno.
7. O preguiçoso na oração não receberá nenhuma bênção. O momento de meditação junto ao pai é sagrado e deve ser respeitado.

38-A amargura

1. A amargura sufoca o coração e o torna insensível às virtudes da vida.
2. Se o seu companheiro(a) o(a) traiu não se desespere. Esqueça a amargura e planeje sua vida sem ele(a).
3. Se perdeu alguém que ama não culpe a Deus ou o universo. Lembre-se que a morte não existiria sem a vida e vice-versa. Todos nós temos o momento certo para irmos embora desse plano.
4. Não se sinta derrotado no jogo da vida. Há momentos de vitória e de derrota. Procure ser fiel a suas convicções.
5. Lamente se ocorrer alguma tragédia em família. Mas não afunde na depressão e nem perca as esperanças na vida pois existe um pai poderoso junto de nós que é capaz de realizar o impossível para fazê-lo feliz.
6. Se perdeu o trabalho, não chores com amargura. Fortaleça o seu interior e procure um novo para recuperar sua autoestima e independência.
7. Não tenha vergonha de demonstrar sua amargura. As más vibrações quando expostas diminuem de peso e aliviam nossos corações.

39-A cólera

1. A cólera é proveniente do interior do coração e contamina o homem o tornando instrumento do maligno.
2. Não deixe a cólera prejudicar você. Respire fundo e concentre seus pensamentos em coisas boas que distraiam sua mente.
3. Não sinta cólera por pequenos motivos pois o seu organismo poderá ser prejudicado com toda a tensão.
4. Ensine a seus filhos os preceitos de honra e dignidade. Desta forma, você não terá cólera por causa das atitudes dele.
5. Professor, evite ter cólera dos alunos. Releve as indiretas e a falta

de atenção. A escola deve ser um lugar de trabalho e não de tortura.
6. O colérico não pode ser amigo de Deus. Jesus ensinou o modelo de homem que Deus aprova: Um homem de fé, sereno e humilde de coração.
7. Tente resolver as discussões e as disputas com diálogo. Mantenha-se calmo pois a cólera em si não resolve nada.
8. Meditação é uma das técnicas que pode ajudar o colérico a controlar o seu problema.

40-A ignorância

1. A maior ignorância do homem é considerar-se livre de defeitos e, por conseguinte livre de correções.
2. Na escola, ensinai aos ignorantes. Eles sempre terão uma palavra de carinho para agradecer-lhe.
3. Quando alguém lhe parar na rua perguntando a localização de um endereço, não negues. Ensine detalhadamente o modo de alcançar o destino.
4. Não se aproveite da ignorância de idosos ou analfabetos para angariar dinheiro ou vantagens.
5. Ajudai aos cegos a atravessar a rua sem reclamar. Os que ajudam os ignorantes da visão terão vida longa e saudável.
6. Busque a sabedoria, peça a sabedoria. Aqueles que não a conhecem podem ser chamados de ignorantes.
7. Não humilhe nem rebaixe aqueles que são do interior ou do Nordeste. São seres humanos dignos como você. Não os julgue, pois, este é um tipo de ignorância.

41-A cobiça

1. A cobiça reflete um estado interior de infelicidade e insatisfação consigo mesmo.

2. A cobiça em si não prejudica o ser humano. O que a mancha são os meios ilegais de conseguir o objeto do desejo.
3. Todos nós procuramos ascender profissionalmente e consequentemente obter melhores salários. Persiga esse objetivo com honestidade e Deus ajudará sua cobiça.
4. Não confunda inveja com cobiça. Enquanto o primeiro procura o prejuízo dos outros o segundo almeja o benefício de si mesmo.
5. Na escola, não cobice ser o melhor de todos. Mantenha a humildade e estude de forma a obter ótimos resultados e destacar-se.
6. A cobiça sem planejamento e sem esforço não será alcançada.
7. O escritor cobiça destaque e conseguir alcançar leitores de todas as faixas etárias e classes sociais para mostrar um pouco o que é ser uma janela aberta para o criador.

42- A inveja

1. A inveja destrói a alma do ser humano o tornando um ser mesquinho e egoísta.
2. Não inveje a beleza de ninguém. A beleza passa e o que permanece são as obras. Recupere sua autoestima e valorize a si mesmo.
3. Na escola, não inveje quem tira notas mais altas que você. Esforce-se para melhorar o seu desempenho sem preocupar-se com o dos outros.
4. No trabalho, não inveje quem está em uma posição profissional mais privilegiada que você. Cumpra com suas obrigações e se qualifique mais para num futuro próximo ascender profissionalmente.
5. Não inveje os bens do próximo. Cada qual tem o que merece. Trabalhe para progredir e realizar os seus sonhos.
6. Não prejudique nem calunie o outro por inveja. Lembre-se que há um Deus que vê tudo e retribuirá a cada um conforme suas ações.
7. Mantenha o seu coração puro e livre de qualquer sentimento negativo.

43-O suborno

1. O suborno consegue comprar pessoas sem caráter e dignidade.
2. Juízes, não aceitem suborno. Sejam justos em suas sentenças.
3. Delegados, não se omitam nem facilitem a vida dos criminosos por suborno. Orgulhem-se de seu mister e trabalhem com o objetivo de melhorar o país.
4. Empresários de comunicação. Não façam propaganda de empresas desonestas ou que explorem demasiadamente o meio-ambiente. Sejam éticos e não aceitem suborno.
5. Não aceite chantagem ou suborno de seus filhos. Atue de acordo com sua consciência.
6. Não aceite chantagem ou suborno de seus filhos. Atue de acordo com sua consciência.
7. Não suborne serviçais para obter informações. Faça-o seu amigo para que ele confie em você.

44-A calúnia

1. A calúnia é fogo que se espalha e consome os corações puros e honestos.
2. Não dê atenção a mexericos sobre a vida dos outros. Pode ser calúnia. Mesmo que não seja, você não tem nada a ver com a vida deles.
3. Não calunie seus vizinhos, seu irmão ou qualquer outra pessoa. Preocupe-se mais com sua vida.
4. A calúnia no trabalho pode resultar em até perca do emprego. Pense bem antes de difamar o outro.
5. Não desmanche a harmonia de um casal se metendo entre eles. Não calunie a fim de separá-los.
6. Não magoe pessoas por acreditar em calúnias. Não os julgue sem tomar ciência dos fatos.
7. Não se vingue caluniando o outro que o prejudicou. Deixe que universo o castigue por sua má-conduta.

8. Não aceite amigos que queiram se intrometer na sua vida pessoal. Não conte seus segredos a eles pois os mesmos podem se aproveitar e caluniá-lo.
9. O ser que calunia não merece confiança nem consideração de ninguém.

45-*O fracasso*

1. O fracasso acontece quando não há um planejamento adequado dos objetivos os quais se almeja.
2. Não se sinta fracassado. Retome com fé e esperança todos os seus sonhos. Persevere até o fim.
3. Peça a vida inspiração para guiá-lo no caminho estreito que conduz à vitória. Seja perspicaz.
4. Não se lamente na derrota pois ela existe a fim de nos ensinar a sermos humildes. Aprenda com ela e erga-se procurando uma alternativa para sair do fracasso.
5. Não se deprima em nenhuma situação. Todos nós estamos sujeitos a erros e fracassos.
6. O vencedor sabe o momento certo para agir e realizar seus sonhos.
7. Creia em Deus e esforce-se para não cair no fracasso.
8. O fracasso escolar de muitas crianças é devido á carga de trabalho que lhe é imposta. Elas não têm tempo se ser criança nem se ser gente.
9. Se alguém próximo de você fracassou, faça como Jesus: Estenda a mão e o retire das profundezas do mar dos desesperados.

46-*A doença*

1. A doença deprime o ser humano, mas purifica o ser imortal.
2. A doença deve ser encarada como uma das muitas provas que passamos a fim de nos fazer crescer e vislumbrar um ser maravil-

hoso que nos ama e nunca nos abandona nem mesmo nos momentos mais difíceis.
3. Se estiver gravemente doente não recorra às forças do mal como o intuito se restabelecer. O preço que pagarás será muito alto e não vai compensar a cura.
4. Não acredite em gurus ou outros que se denominam curandeiros. Não os procure. Lembre-se que apenas o pai todo-poderoso com a ajuda da medicina poderá curá-lo.
5. Não se preocupe de mais enquanto estiver doente. Relaxe e medite sobre o bem e seus benfeitores a fim de alcançar um pouco de paz.
6. Reze por todos aqueles que sofrem. As orações de tornam poderosas quando queremos de verdade. Lembre-se dos desabrigados, dos meninos de rua, dos pobres, dos filhos do sertão e dos doentes.

47-A opressão

1. A opressão do rico sobre o pobre o deixa espectador junto à sua própria vida.
2. Não oprima o seu semelhante. Ninguém é senhor a ponto de dominar as atitudes do outro.
3. A opressão de certos patrões sobre o empregado é algo condenável. Cada um deve ser livre em suas ações.
4. Não oprima a opinião do outro. Cada um tem a sua e ela deve ser respeitada sem exceções.
5. Não permita que oprimem alguém que você ama. Defenda-o e mostre o quanto ele(a) é especial.
6. Respeite a raça, etnia, religião, opiniões, ideais, clube de futebol, etc. Não oprima ninguém por esse motivo.
7. Se você sentir oprimido de alguma forma se imponha e mostre do que é capaz. Você não será mais agredido.
8. Não deixe que as circunstâncias da vida oprimam o seu coração. Fortaleça-o a fim de resistir a todas as intempéries dela.

48 - O pecado

1. O pecado é a principal causa dos tormentos e angústias que sofremos durante toda a nossa vida.
2. O pecado se configura quando nossas atitudes fazem o próximo e(ou) a nós mesmos sofrer.
3. Não pecai contra os seus familiares pois eles são a tábua de salvação contra as tempestades da vida.
4. Quando pecar, arrependa-se e prometa a si mesmo uma renovação de atitudes na vida.
5. Não peque contra o Deus todo-poderoso pois a mão dele é forte e irá derrubá-lo de sua soberba.
6. Não prejudique o pobre invertendo-lhe o direito. Não peque. Lembre-se que Deus é pai dos excluídos e não o deixará sem castigo.
7. Não brinque com o sentimento das pessoas e nem magoe os fragilizados. Este tipo de pecado não é perdoável.
8. Não amontoe pecados pois o dia do juízo é como um ladrão que não se sabe quando vai atacar.
9. Muito foi perdoado a quem muito amou. Entretanto, não se aproveite disso com o intuito de pecar.

49 - O desprezo

1. O desprezo aterroriza a alma e a faz duvidar de tudo o que acredita.
2. Medite sobre o sofrimento de Jesus e o modo como ele foi desprezado até mesmo pelo próprio pai.
3. Quando o rico cai em fracasso até mesmo seus amigos o desprezam.
4. Afaste-se de todos aqueles que queiram te influenciar negativamente. Despreze o mundo do erro e viva conforme preceitos dignos e honestos.

5. Não desprezai vossos pais pois eles te geraram e depositaram toda a confiança em você.
6. Despreze todos os sentimentos ruins que queiram se apossar de você. Controle-se e cultue a bondade e a solidariedade ao próximo.
7. Não despreze a correção pois ela é a chave para o sucesso.
8. Despreze o mundo dos vícios e das drogas. Fortaleça o seu corpo como templo do espírito santos e viva em função dele. Você encontrará a felicidade.
9. Se foi desprezado por alguém, não fique triste. Acompanhe pessoas que o valorizem e que confiem em você.

50-A corrupção

1. A corrupção é a ferrugem que se instala na alma e a destrói completamente.
2. Valorize seu voto pesquisando sobre os candidatos à eleição. A história não mente. Quem se corrompe não merece confiança.
3. Professor, não seja corrupto. Valorize o aluno que se esforça e se dedica. Tenha atenção especial nas notas e seja idôneo.
4. Profissionais de saúde, sejam éticos. Respeitem o juramento de vocês e não se pervertam por causa de dinheiro.
5. Políticos, mantenham o mínimo de decência e sejam honestos. Não se aproveitem da função com o intuito de angariar vantagens.
6. Pais, deem uma boa base moral a seus filhos. Não permitam que eles cresçam achando que a corrupção é um mal necessário.
7. Não se junte como os corruptos e desonestos pois eles acabarão por convencê-lo a compartilhar dos mesmos valores.
8. Não se esqueça dos menos favorecidos. Quando não puder ajudar financeiramente lhes dê uma palavra de carinho e de atenção. Quanto aos corruptos, não lhes dê confiança.

51-*A traição*

1. A traição desmonta qualquer sólida estrutura de confiança.
2. Não traia seu parceiro sexual, seu companheiro, seu amor. Respeite o outro e a si mesmo.
3. Não traia suas convicções, suas crenças, sua religião, seu caminho pois elas são parte de você e perdê-las seria como de certa forma morrer.
4. Cultive as amizades como quem rega um jardim. A planta necessita de sol, adubo, água abundante e muito carinho assim como suas amizades. Não se traia nem as traia.
5. Não permita ser beijado por quem não confia. O beijo pode ser falso e o entregará assim como Judas fez a Jesus.
6. Saiba reconhecer quem o traiu. Não seja ingênuo a ponto de confiar nele.
7. Não entregue e nem traia sua família. Eles são parte de você e o defendem sempre que for necessário.
8. Não traia o seu chefe ou seu superior. Seu cargo não valerá nada depois disso.
9. Não traia a Deus o decepcionando. Mostre que você é digno a ponto de ser chamado "Filho dele".

Análogo

1. Muitas pessoas seguem um padrão de comportamento definido junto à sociedade. Esta, sem dúvida, não é a melhor opção. Faz parte duma personalidade atuante destoar do análogo social. São frutos dessas atividades que as transformações ocorrem.
2. Não queira a ser análogo a sistemas patriarcais de educação familiar rude e severa. Estes métodos faliram. Hoje em dia, o exemplo é a maior ferramenta dos pais. Devemos sim mostrar os lados da vida ainda que sem exigências de nossa parte.
3. Não perpetue o ódio e a indiferença. Não seja análogo às más vir-

tudes. Num mundo globalizado, mais do que nunca precisamos de apoio, solidariedade, compreensão e amor do próximo.
4. Somos humanos. Logo, sujeitos a um monte de erros. Cabe a nós uma análise crítica sobre as atitudes a tomar para que não voltemos a cometer os mesmos fracassos. A vida ensina.
5. Não tenha inveja do sucesso dos famosos. Não cometa o erro de querer ser análogo a eles. Saiba que cada um de nós tem um brilho próprio. Seu talento jamais se apagará. O que falta às vezes é um pouco de empreendedorismo.

Algoz

1. Fuja das coisas ruins. Entenda que a inveja, o orgulho, a avareza, a trapaça, a calúnia, enfim, a maldade em geral são algozes de nossa salvação. Reflita sobre isso e se arrependa. Tenha em mente a efemeridade desta passagem. Aproveite fazendo o bem a todos. Ajudando o outro, você acaba por ajudar a si mesmo.
2. Respeite o erro do outro. Quem é você para julgar? É de bom grado seu conselho. Porém, não queira forçá-lo a nada. Não seja algoz de sua própria consciência.
3. Não denigra o trabalho do outro por perversidade ou competição. Isso não o fará uma pessoa melhor. Ao contrário, mostra o quanto sua alma é mesquinha. Neste sentido, você é algoz de si mesmo. Com uma venda nos olhos, você só enxerga o outro. É apenas um expectador no palco da vida. Lembra da parábola dos talentos? Você é o mau servo que guardou o talento com medo de ser castigado. Só quando a tristeza e a solidão lhe bater à porta, é que seus olhos abrir-se-ão. Nesta hora, não tenha receio. Suba ao palco e brilhe. Você sentirá o verdadeiro amor de Deus.
4. Pare de se cobrar em exagero. Não seja algoz de sua própria consciência. Vá trabalhando na medida certa seus talentos. Se deu desejo for digno e bom para sua alma, realizar-se-á. Deus sempre abençoa os justos e os puros de coração.

Ardiloso

1. Não seja ardiloso no jogo. Dinheiro não é tudo. O caráter e princípios estão em primeiro lugar em qualquer situação. Não faça aos outros aquilo que não gostaria que fizessem com você.
2. Não use de ardil para desviar o outro. Há um justo juiz entre nós anotando cada ação sua. Nem que seja por temor ao soberano, siga com os preceitos corretos. Por mérito seu, colherás os frutos.
3. Ser ardiloso no sexo é um tempero a mais no relacionamento. Inove sempre buscando não cair na mesmice.
4. Ser esperto no trabalho não é ser ardil. É no mundo moderno uma necessidade. Agindo assim, suas qualidades profissionais poderão finalmente ser reconhecidas.
5. Homem manhoso é um prêmio para a mulher. Ao mesmo tempo, representa um grande desafio. O que é doce atrai muita abelha.
6. O velhaco ardiloso é uma praga. Com suas táticas, consegue sempre levar o produto fiado. Depois, simplesmente esquece da dívida. Às vezes, chega ao cúmulo de se irritar com a cobrança. Nesta situação, é melhor o vendedor esquecer. Aproveite para cumprir o mandamento: "Dar sem esperar nada em troca". É muito melhor do que ficar vivendo a vida com estresse.

Audácia

1. É de admirar a audácia dos bombeiros diante do perigo. Eu amo de paixão estes heróis mascarados tão pouco valorizados financeiramente. Na mesma linha, podemos destacar o médico, o enfermeiro, o fisioterapeuta, o psicólogo, o professor, o policial e tantas outras profissões importantes.
2. O ator é um palhaço permanente. Vivendo múltiplos personagens, dão vida a inúmeras obras literárias. Um bom ator se destaca pela audácia, inteligência e carisma.
3. Você ama e não tem coragem de se declarar a pessoa amada. Há muitas questões envolvidas nisso. Em tese, você tem medo de

perder o afeto do outro. Contudo, este sentimento te sufoca a cada dia. Eu recomendo a audácia. Faça uma tentativa. O máximo que pode acontecer é você levar um não. Isso é uma coisa normal. Deus prepara o sim para você da pessoa certa. Confie nisso e vá em frente!

4. É certo que a vida não é só alegria. Há momentos de pesar e difícil evolução. Remando contra a maré, seu combustível é Deus. É quem te dá o impulso certo até o sucesso.
5. Sua empresa entra em crise. Analise as possibilidades com calma. Se não visualizar uma saída rápida, seja audacioso. Às vezes é o que falta para as coisas voltarem ao normal.

52-Conclusão

Depois da exposição de meus pensamentos, espero que convite a sabedoria tenha o feito refletir e melhorar como ser humano. O propósito do livro é exatamente isso: Ajudar na evolução da humanidade. Espero tê-lo alcançado nessas poucas páginas.

Quanto ao aspecto do livro, ele pode ser classificado como um livro de pura sabedoria e elevação junto a Deus. Nele, deixei-me levar e inspirar pelo mar de dons do criador que repassa aos mortais as suas maiores riquezas. Assim, considero que o maior mérito do livro não pertence só a mim. Obrigado pela atenção dos leitores que se dispuseram a lê-lo e até a próxima. Um abraço.

O autor
FIM

www.ingramcontent.com/pod-product-compliance
Lightning Source LLC
LaVergne TN
LVHW020447080526
838202LV00055B/5365